Molière
Que diable allait-il faire
dans cette galère ?

Sylvie Dodeller

Molière

Que diable allait-il faire dans cette galère ?

Médium
l'école des loisirs
11, rue de Sèvres, Paris 6e

Du même auteur à *l'école des loisirs*

Léonard de Vinci. Artiste ? Vous rigolez.

Chez Parigramme

Promenons-nous à Paris
illustré par Pascale Bougeault

Loi n° 49.956 du 16 juillet 1949 sur les publications
destinées à la jeunesse : mars 2005
Dépôt légal : janvier 2014
Imprimé en France par ***I.M.E.***

ISBN 978-2-211-21210-6

À Xavier
À nos balades dans Paris

ACTE I

Un gamin de Paris

L'histoire de Jean-Baptiste Poquelin commence dans le quartier des Halles, à Paris. À l'angle de la rue Sauval et de la rue Saint-Honoré, se dresse une maison de poupée, tout en hauteur, si étroite qu'elle ne compte qu'une seule petite pièce par étage. C'est à cet emplacement précis que Jean-Baptiste Poquelin a passé les vingt premières années de sa vie. C'est là qu'il est né, a grandi, est devenu un homme. Ne vous laissez pas gagner par l'émotion pour autant : cette maison n'est plus celle où naquit Molière. L'originale a été détruite en 1802 pour être remplacée par ce bâtiment qui en a vaguement gardé la silhouette.

Il faudra donc vous contenter du bâtiment qui vous reste sous les yeux pour planter le décor. Ce sera bien suffisant. Commencez par vous placer sur le trottoir d'en face – la rue est étroite – pour mieux observer la maison. Maintenant, imaginez à la place de la boutique qui occupe aujourd'hui le rez-de-chaussée l'atelier de tapisserie de maître Poquelin. Les artisans qui travaillent sous ses ordres sont en pleine activité. En voici un qui rembourre le dossier d'un fauteuil avec un mélange de paille et de plumes. Un autre tend à la force du biceps une pièce de laine rehaussée de soie sur l'assise d'une chaise. Au fond là-bas, on assemble des pans de serge verte pour en faire un somptueux drapé de lit à baldaquin. Toute la journée, on coud, on coupe, on colle, on cloue ce qui deviendra plus tard les chaises, les fauteuils, les rideaux et les tentures murales commandés par les riches clients de maître Poquelin.

Mais voilà que vos narines délicates protestent ? Seriez-vous incommodés par l'odeur animale que dégagent les morceaux de cuir ? Ou par celle qui s'échappe des sacs de plumes maculées de fiente ? À moins que ce ne soit tout simplement ces pots de colle fabriquée à partir d'arêtes de poisson qui tiédissent sur le poêle à sciure ? On l'appelle à juste titre… colle forte… C'est insupportable ? Dites-vous que la puanteur est bien pire à l'extérieur ! Paris est sale. Paris pue. Avez-vous déjà reniflé une poubelle vieille de plusieurs jours ? Pouvez-vous imaginer des toilettes publiques bouchées depuis si longtemps qu'elles en débordent ? C'est l'odeur qui flotte en permanence dans les rues de la capitale. Les Poquelin ont la chance d'habiter rue Saint-Honoré, l'une des rares rues pavées de Paris. Mais ailleurs, tout le monde patauge dans un ruisseau de boue, noire et grasse, qui charrie en permanence les ordures déversées chaque jour par ses habitants. Les ordures, mais aussi les excréments des animaux et même ceux des humains. On dit que Paris empeste à quinze kilomètres à la ronde… les jours sans vent.

Surtout, ne plaignez pas Jean-Baptiste Poquelin d'avoir passé toute son enfance dans une telle atmosphère. Comme tous les gamins nés à Paris, le petit Poquelin est très rapidement devenu insensible à la puanteur de sa ville. Il s'y promène d'ailleurs avec l'assurance d'un titi parisien. Mais non sans vigilance. Car il doit avoir l'œil à tout. Il surveille les fenêtres d'où les servantes jettent le contenu des vases de nuit – les toilettes de l'époque – sans se soucier de crotter les passants. Il caresse au passage le flanc d'un bœuf impassible qui tire une lourde charrette vers le marché des Halles. Il se faufile entre les moutons que l'on conduit aux abreuvoirs de la

Seine. Il repère de loin le carrosse qui arrive en trombe dans une giclée de boue et se plaque contre un mur. Une fois le danger passé, il continue d'avancer en sautillant entre les flaques. Comme si de rien n'était. Les rues de Paris, si sales et dangereuses soient-elles, sont pour lui un terrain de jeu.

Un élève pressé

La journée de Jean-Baptiste commence à l'aube depuis qu'il a été admis, à l'âge de onze ans, au collège de Clermont, rue Saint-Jacques à Paris. L'établissement, tenu par les Pères jésuites, accueille traditionnellement les enfants de la noblesse, des élèves boursiers et, depuis quelques années, des fils d'artisans et de bourgeois parisiens, comme le petit Poquelin. Il n'est pas question d'ouvrir le collège aux filles, pour la simple et mauvaise raison qu'elles n'ont pas besoin d'éducation, pense-t-on.

Chaque matin, vers quatre heures et demie, Catherine, la servante de la maison, monte en frissonnant l'escalier qui mène à la chambre de l'aîné des fils Poquelin. Elle a parfois bien du mal à l'arracher à ses rêves et à la tiédeur du lit. Planté au milieu de la pièce, le garçon grelotte, pendant qu'elle l'aide à revêtir son uniforme de collégien : des bas de laine épaisse, une grosse chemise, le tout recouvert de la tunique grise aux couleurs de Clermont qui lui bat les mollets. La tenue est complète lorsque Catherine pose sur ses longs cheveux bouclés son petit bonnet carré. Vite, il faut descendre en cuisine avaler, comme un automate, le bouillon de légumes et les grosses tranches de pain qui permettront de tenir jusqu'au dîner de la mi-journée. Le temps, pour Jean-Baptiste, d'attraper son écritoire où sont rangés ses plumes d'oie et son encrier, de glisser sous son bras ses livres de classe, de remplacer la chandelle de sa petite lanterne et le voilà parti, encore lourd de sommeil.

N'imaginez pas un petit garçon de onze ans seul, à cinq heures du matin, dans un labyrinthe de ruelles sombres. Car déjà Paris s'anime. Jean-Baptiste se coule avec aisance dans le flot des passants, des ouvriers et des marchands qui, comme lui, commencent leur journée. Il prête une oreille distraite aux vendeurs qui, sans prendre la peine de se chauffer la voix, lancent leurs premiers cris jusqu'aux fenêtres des ménagères : Verjus ! Vinaigre ! Mort aux rats ! Rissotis ! Lait !

Comme tout est dit sur le même ton, vous auriez bien du mal à distinguer ces cris de Paris. Seules les servantes, à l'oreille exercée, différencient les maquereaux des harengs frais et les choux des carottes.

Et rien de tel que cette cacophonie pour bien réveiller Jean-Baptiste.

Enfin. Si, par bonheur, une charrette renverse sa marchandise dans une rue déjà encombrée, c'est l'embouteillage. Les jurons fusent :

– Avance, sac à fiente !

– Gros ventru graisseux, laisse-moi passer !

– Viens par ici que je te chatouille la couenne avec mon fouet !

Les passants, tout à l'heure si pressés, s'installent comme au spectacle. Jean-Baptiste est au premier rang. Il regarde de ses gros yeux ronds. Ronds comme des pendules. Et l'heure tourne, tourne…

À l'école des jésuites

Lorsque Jean-Baptiste se glisse entre les lourdes portes du collège de Clermont, elles sont déjà sur le point de se fermer. C'est comme s'il venait d'entrer dans un autre monde, avec un jardin, de la verdure, des arbres, une cour immense protégée de l'extérieur par de hautes murailles. Dans cette cité particulière, on parle le latin comme une langue vivante. Le français est tout juste toléré pendant les récréations. Après la messe, l'écolier rejoint sa salle de classe. La pièce, longue et glaciale, ne contient pas trente, ni même quarante élèves – le maximum dans nos classes actuelles – mais plus de deux cents ! Lui et ses camarades s'entassent sur des bancs sans pupitre ni table et écrivent sur leurs genoux la leçon dictée au loin par leur professeur.

Comment faire régner l'ordre et le silence dans une classe surpeuplée ?

Les professeurs jésuites ont mis au point une méthode d'une efficacité presque… militaire. La classe est séparée en deux camps rivaux. Chaque camp est lui-même divisé en plusieurs équipes de dix élèves, qu'on appelle les décuries. Les dix élèves occupent un même banc et sont dirigés par le meilleur d'entre eux, le décurion. Ce collégien a un rôle très important, puisqu'il doit veiller à ce que les devoirs soient bien faits, les leçons parfaitement apprises, et la discipline respectée. Si son équipe affiche de bons résultats, elle peut avancer dans le classement et changer de banc. Le premier de chaque camp est nommé « imperator », le deuxième « censeur », le troisième « tribun ». À la fin de l'année scolaire, l'imperator du camp vainqueur – celui qui cumule les meilleurs résultats – prend le titre de « dictateur ».

Ave César ! Lecteurs d'*Astérix*, tous ces noms doivent vous paraître familiers : ils s'inspirent directement de l'organisation des légions romaines.

Les méthodes mises au point par les jésuites sont alors ce que l'on fait de mieux en matière d'éducation. Il en reste d'ailleurs quelques traces aujourd'hui, dont vous vous passeriez volontiers : les devoirs écrits, les notes, les classements.

Tout ce qui provoque des sueurs froides à la fin de chaque trimestre…

Au prix d'une compétition permanente, Jean-Baptiste apprend le goût de l'effort récompensé et le sens de l'équipe. Mais il est d'abord ici afin d'étudier de longues heures la grammaire, l'art de bien s'exprimer pour mieux convaincre qu'on appelle la rhétorique, l'éloquence, la philosophie et un peu de mathématiques. Toujours en latin.

Heureusement, ces maîtres qui exigent beaucoup de leurs élèves savent aussi accorder une place aux jeux et à la détente. Les collégiens de Clermont ont droit à deux heures de récréation chaque jour après le repas de la mi-journée. Dans la cour, Jean-Baptiste et ses camarades jouent à la toupie, à colin-maillard, au ballon, aux quilles, aux boules. Quand il pleut, ils se réfugient dans les classes pour pratiquer les dames ou les échecs. Quand il neige, ils restent dehors. Si dans la chapelle l'eau du bénitier est gelée, alors, seulement, ils sont autorisés à se mettre à l'abri.

Le théâtre à l'école

Deux fois par an, le collège de Clermont est en fête. Ces jours-là, Jean-Baptiste n'a pas besoin de l'aide de Catherine pour se réveiller avant l'aube. Il s'habille comme il peut, à tâtons dans le noir, et se ronge d'impatience jusqu'à l'arrivée de la servante.

Elle fait semblant de s'étonner :

– A-t-on déjà vu élève si mal fagoté et si pressé d'aller à l'école ?

– Pas à l'école, la reprend Jean-Baptiste, mais au théâtre !

Car aujourd'hui les internes du collège vont jouer pour la première fois devant les autres élèves *Neanias* ou *Procopius martyr*, la tragédie chrétienne écrite par leur professeur, le frère Berthelot. Quel titre ! Et quel destin ! Il paraît que Procopius se fait décapiter par les Romains à la fin de la pièce…

Voilà une histoire qui se termine bien mal, me direz-vous. Comment Jean-Baptiste peut-il se passionner pour un prétendu héros, sans armure ni épée, qui meurt à la fin, vaincu par de méchants Romains ?

Procopius meurt, certes, mais avec quel courage ! Jusqu'au bout, il refuse de renier sa foi en Dieu, malgré les épreuves, les tortures et les menaces de mort. Autant dire qu'il meurt en vainqueur.

Voilà pourquoi les saints, comme Procopius, sont présentés, à l'époque, comme de véritables héros. Les jésuites, qui sont professeurs mais aussi prêtres, ont choisi le théâtre pour raconter à leurs élèves les exploits de ces martyrs. C'est assez habile de leur part. Quoi de mieux, en effet, que ces tragédies chrétiennes toujours sanglantes pour marquer les jeunes esprits et exalter leur foi en Dieu ?

Mais pour cela, il faut que la représentation soit à la hauteur de son héros et martyr. Rien à voir avec les journées portes ouvertes de votre école, quand les élèves jouent devant leurs parents des extraits de pièces travaillés quelques heures en classe et mis en scène avec des bouts de ficelle, deux tables et trois chaises empruntées à la cantine.

Le collège de Clermont, lui, met tout en œuvre pour offrir un spectacle grandiose. Ses meilleurs élèves – uniquement des internes – ont répété pendant des mois, dans des décors créés pour l'occasion, avec des costumes somptueux et des musiciens pour les accompagner. C'est un travail de professionnels.

Au milieu de ses camarades, Jean-Baptiste retient son souffle. Il a pu se placer à quelques mètres de l'estrade dressée dans la cour du collège. Après trois heures de spectacle, le grand moment est arrivé : saint Procopius tend son cou vers le bourreau. La lame se dresse pour prendre son élan. Elle va s'abattre ! Tchac !… Mais aucune tête ne roule sur le plancher. L'épée du soldat romain s'est immobilisée à quelques centimètres du cou. Comme dans un tableau, le temps s'arrête. Les acteurs gardent la pose pendant que la musique s'élève. La surprise passée, les deux mille spectateurs bondissent sur leurs pieds pour mieux applaudir.

Jean-Baptiste s'est levé avec un temps de retard sur ses camarades. Il a gardé les mains serrées sur ses genoux comme s'il voulait retenir encore un peu la magie du théâtre. Il est partagé entre l'exaltation et une immense frustration. Comme il aurait voulu monter sur scène avec les autres élèves ! Faire l'acteur plutôt que le spectateur. Se doute-t-il déjà qu'il aurait pu faire mieux ? Malheureusement pour lui, Jean-Baptiste est externe. En tant que tel, il n'aura jamais droit au cours de théâtre dispensé, après la classe, aux seuls internes. Cependant son statut lui accorde un gros avantage sur ses camarades.

Chaque soir, en rentrant du collège, il a droit, lui aussi, à son spectacle. Qui n'a rien d'une tragédie chrétienne…

En virée sur le Pont-Neuf

Fatigué ou affamé, peu importe, après sa longue journée de cours, Jean-Baptiste ne manque jamais de faire un crochet par le Pont-Neuf.

Ce n'est pas un pont comme les autres que l'on traverse en sifflotant, le nez au vent, pour rejoindre l'autre rive. Le Pont-Neuf est l'endroit le plus fréquenté de Paris. On s'y presse dès la première heure du jour pour y admirer les meilleurs saltimbanques, acrobates, danseurs sur corde de la capitale. Ils sont là pour divertir le passant et surtout appâter le client.

Leur numéro a le don d'attirer les foules devant les boutiques qui s'alignent de chaque côté du pont. Ces baraques accueillent des médecins ambulants, des arracheurs de dents et des charlatans apothicaires venus vendre leur médicament miracle.

Et quel miracle ! La potion est censée soigner absolument tout : du minuscule bobo à la maladie la plus effrayante.

– Oyez ! Oyez ! Souffreteux et éclopés ! Nouveaux malades et futurs mourants ! Venez découvrir le tout nouveau remède de l'Orviétan !

Celui-là, c'est le préféré de Jean-Baptiste. Dans sa robe noire de faux médecin, celui qui se fait appeler l'Orviétan agite un flacon vert au nez des passants :

– En Italie, quelques flacons de ce remède ont suffi pour guérir une épidémie de peste, en quinze jours ! Vous avez bien entendu, Mesdames et Messieurs, en quinze jours ! ! Mon remède guérit, par sa rare excellence, plus de maux qu'on n'en peut compter en une année :

La gale,
La rogne,
La teigne,
La fièvre,
La peste,
La goutte,
La vérole,
La rougeole.
Ô grande puissance de l'Orviétan !*

À ses côtés, sur l'estrade, un bouffon joue les malades.

* Molière, *L'Amour médecin*, acte II, scène 7.

Il roule des yeux derrière son masque et tire une langue noire. Il se tord par terre en se tenant le ventre, s'accroupit sur un pot de chambre, fait semblant de pousser, pousser et encore pousser… Il soupire de contentement. Comme délivré, il se relève. Tout en se pinçant le nez, il fait mine d'examiner le contenu du pot. Et voilà qu'il le verse sur l'assistance !

On crie. Mais ce n'est que de l'eau… De l'eau de la Seine, jamais bien claire, mais de l'eau tout de même. Ô grande puissance de l'Orviétan !

Un petit orphelin

Jean-Baptiste poursuit son chemin tout en riant. Une centaine de mètres seulement. Paris, cette ville à la fois gaie et cruelle, lui laisse peu de temps pour se réjouir. Après le Pont-Neuf, à deux pas de la maison Poquelin, il lui arrive de croiser la mort, qui se donne en spectacle, sans aucune pudeur…

Dans la rue Saint-Honoré, se dresse la potence de la Croix-du-Trahoir où l'on pend les criminels. L'endroit est également bien connu de tous les serviteurs et gens de maison. C'est ici qu'on leur coupera les oreilles si par malheur ils sont attrapés la main dans le sac, à voler leur maître. N'allez pas croire que les exécutions se fassent en catimini, une fois tout le monde couché. Au contraire, tous les habitants du quartier sont invités à y assister, aux plus belles heures du jour, quel que soit leur âge. Il s'agit d'une distraction comme une autre.

Imaginez-vous, de retour de l'école, nez à nez avec un pendu qui se balance au gré du vent, les yeux picorés par les corbeaux. Brrrrr…

Mais ce qui nous choque aujourd'hui ne surprend guère Jean-Baptiste. Les pendus font partie de son paysage. La mort lui est d'ailleurs familière. Elle a emporté trois de ses frères et sœurs, dont Louis, âgé de dix ans, et la petite Marie, qui n'a jamais atteint sa cinquième année. La famille Poquelin n'est pas plus touchée qu'une autre. À cette époque qui ne connaît ni vaccins ni antibiotiques, beaucoup d'enfants meurent avant l'heure, de maladies dont on guérit aujourd'hui en quelques jours.

Jean-Baptiste a dix ans lorsque sa mère tombe malade. Il assiste à la ronde des médecins appelés à son chevet. Les hommes en noir lui prescrivent des remèdes au nom étrange qui l'affaiblissent plus encore. Ils ordonnent des saignées qui finissent par l'épuiser. Marie Poquelin meurt à l'âge de trente et un ans. Jean-Baptiste garde de sa mère le souvenir d'un parfum, de cette main qui caresse ses cheveux, et pour seul objet, un petit livre relié de cuir qu'elle aimait lire au coin du feu.

Parfois, lorsque monsieur Poquelin entrouvre la porte de sa chambre, il découvre son fils aîné plongé dans la lecture du livre de sa mère. Le père observe d'un air pensif ce petit orphelin de onze ans, souvent rêveur, parfois mélancolique, dont le visage s'anime quand il décrit les tragédies jouées au collège ou les farces des saltimbanques du Pont-Neuf.

Soudain, monsieur Poquelin doute. Il se demande s'il parviendra, un jour, à faire de Jean-Baptiste un bon tapissier.

ACTE II

Tapissier du roi

« Quel métier voudrais-tu faire plus tard ? »

On vous pose cette question, et l'on continuera à vous la poser, soyez-en sûr, tout au long de votre scolarité. Vous pouvez répondre « pompier » à la maternelle, « astronaute » à l'élémentaire, « vétérinaire » au collège…

Vous avez le droit de changer d'avis.

Au XVIIe siècle, la question ne se pose pas. Pour Jean-Baptiste, l'affaire est entendue depuis sa naissance, il sera maître tapissier comme son père, et avant lui son grand-père. Plus tard, en tant que fils aîné, il héritera de l'atelier, formera ses propres enfants, qui, après sa mort, prendront sa succession. Et ainsi de suite… Son avenir est assuré, ainsi que son existence. Elle sera confortable et sans histoire. Celle d'un bon bourgeois parisien.

Jean-Baptiste sera même plus favorisé que les autres tapissiers. Fils de maître, il est dispensé de faire son apprentissage. Son père et ses employés lui apprennent le métier le soir, après l'école, et pendant les vacances scolaires. Preuve que maître Poquelin mise beaucoup sur son fils aîné, il achète, pour lui, la « survivance de sa charge de tapissier du roi ». Car le père de Jean-Baptiste n'est pas un tapissier ordinaire. Il a obtenu le droit – payant – de faire le lit du roi avec les valets de chambre, de veiller à son entretien ainsi qu'à la disposition des tentures dans les appartements royaux. Cette « charge royale » rapporte plus d'honneurs que d'argent. Elle permet surtout à un simple bourgeois de se rapprocher de la cour. Un privilège dont monsieur Poquelin veut faire bénéficier son fils.

À quinze ans, Jean-Baptiste prête serment en qualité de tapissier du roi. Il peut désormais remplacer son père au pied du lit royal et, plus tard, hériter de sa charge.

Il est loin de se douter que dans vingt ans, plus connu sous le nom de Molière, il saura utiliser cet emploi de tapissier du roi pour approcher Louis XIV. Au même moment, des marquis et des ducs se presseront à la porte de la chambre royale sans pouvoir y glisser un orteil.

Pour l'instant, il fait ce qu'on lui demande sans se poser trop de questions. D'ailleurs, ni son père ni les membres de la confrérie des tapissiers – à qui il prête serment – n'ont la curiosité de lui demander s'il s'apprête à faire ce métier avec plaisir.

Pourtant, si vous viviez à ses côtés, vous remarqueriez bien vite que Jean-Baptiste n'a pas la tête aux tissus précieux, ni aux plumes d'oies et encore moins à la colle à poisson du tapissier.

De mauvaises fréquentations

Jean-Baptiste court les théâtres. À la moindre occasion, il disparaît sans donner d'explications, et revient au bout de plusieurs heures, comme transformé. S'il rentre la mine grave et pensive, c'est qu'il vient d'assister à une tragédie à l'Hôtel de Bourgogne. S'il a les yeux rieurs et qu'il sourit sans raison, vous pouvez parier qu'il est allé applaudir le farceur Jodelet, dit « l'Enfarin », au théâtre du Marais. Certains soirs, il franchit la porte en sautillant et salue son père d'une pirouette. Vous pouvez être sûr qu'il est allé chez les Italiens, des comédiens qu'il admire plus que tout.

Ces maîtres de l'art comique et du gag improvisent soir après soir à partir des personnages de la commedia dell'arte. Ce sont toujours les mêmes : Arlequin, Matamore, Isabelle, le Docteur ou Pantalon… Ces rôles sont nés en Italie et joués en italien. Comme le public parisien ne saisit pas un traître mot de la pièce, les comédiens se servent de leur voix, mais aussi du geste, du mime et des acrobaties pour se faire comprendre. Tout leur corps, depuis les grimaces jusqu'aux attitudes, s'exprime sur scène. Ce sont des acteurs exceptionnels. On dit que le jeune Louis, futur Louis XIV, se régale quand ils se produisent au Louvre.

Depuis quelques mois, Jean-Baptiste a une raison supplémentaire d'avoir la tête ailleurs. Elle s'appelle Madeleine Béjart. C'est une belle rousse, aussi flamboyante qu'intelligente. Surtout, elle est comédienne ! Nul doute qu'il a croisé son regard plein de feu sur une scène de théâtre. Peut-être l'a-t-il suivie en coulisses ? Une chose est sûre : ces deux-là se sont aimés tout de suite. Jean-Baptiste passe son temps libre chez les Béjart, qui habitent à vingt minutes dans le quartier du Marais.

Plus qu'une famille, c'est une tribu qui ne vit que pour le théâtre : Madeleine est actrice professionnelle, ses deux frères et sa sœur cadette sont comédiens amateurs et le petit dernier, trop jeune pour monter sur les planches, attend son heure. Plus étonnant pour Jean-Baptiste, leur mère, Marie Hervé, loin de réprimer la vocation de ses enfants, les encourage ! Les Béjart ont accueilli le jeune Poquelin comme l'un des leurs. On apprécie sa culture, on tient compte de son avis. Il participe aux discussions enflammées sur les dernières pièces jouées à Paris ; il décrit les tragédies chrétiennes qui l'ont émerveillé au collège ; il aide Madeleine à répéter ses scènes…

Et arrive ce qui ne devait surtout pas arriver. Jean-Baptiste prend conscience qu'il se fiche de son métier de tapissier comme de ses premières dents de lait et qu'il ne peut vivre sans le théâtre. Il veut devenir comédien.

Je veux devenir comédien

Jean-Baptiste a pris sa décision, il doit maintenant l'annoncer à maître Poquelin. Que s'est-il dit lors de ce face-à-face entre un fils et un père ? On n'en sait strictement rien. On peut imaginer sans trop se tromper que la nouvelle ne réjouit pas monsieur Poquelin. Il faut garder en tête que ce dernier a tout misé sur son fils aîné, il lui a offert des études au collège de Clermont et cette charge de tapissier du roi qu'il a payée fort cher.

Aujourd'hui on lui demande de regarder avec le sourire Jean-Baptiste piétiner ce magnifique plan de carrière. Et pour quoi, s'il vous plaît ? Pour devenir un comédien ? Autant dire un saltimbanque qui vit en marge de la société, que l'Église rejette et qui ne sait même pas s'il pourra payer son loyer, faire ressemeler ses chaussures ou mettre du beurre dans ses épinards le mois suivant !

Nul doute que Jean-Baptiste s'est montré déterminé et convaincant – mettant sans doute en application les leçons de rhétorique et d'éloquence apprises chez les jésuites.

Non seulement son père a respecté son choix de devenir comédien, mais, du bout des lèvres, il a accepté de l'aider. Il lui accorde une avance de 630 livres, pas un sou de plus, sur l'héritage de sa mère (Jean-Baptiste a vingt et un ans, il est encore mineur et aurait dû attendre ses vingt-cinq ans pour toucher cette succession).

Avec cet argent, Jean-Baptiste et les Béjart peuvent se lancer dans une folle entreprise : la création d'un théâtre à Paris.

L'Illustre-Théâtre

Vous imaginez peut-être que tous les éléments sont réunis pour que cette histoire se termine rapidement. Grâce à son théâtre et à son génie, Jean-Baptiste va subjuguer les foules, prendre le nom de Molière, devenir célèbre et finir dans vos livres de classe… Pas si vite !

Il faut être bien téméraire pour se lancer dans la création d'un théâtre au début du XVIIe siècle. Paris n'en compte que trois : l'Hôtel de Bourgogne, le Théâtre du Marais et la troupe des Italiens, qui chacun excelle dans sa spécialité. C'est peu, pour une capitale aussi peuplée. Mais c'est bien assez, pour un public limité. Car tout le monde ne court pas au théâtre, loin de là. Ce genre de spectacle est encore réprouvé par les bien-pensants et vivement critiqué par l'Église. Le dimanche, à la messe, certains prêtres n'hésitent pas à en interdire la fréquentation sous peine de damnation. Si Jean-Baptiste et ses amis veulent réussir leur entreprise, ils doivent attirer chez eux une partie du public qui a déjà ses habitudes à l'Hôtel de Bourgogne ou au Marais.

Or, la jeune compagnie est terriblement ambitieuse, sûre de son talent et surtout croit dur comme fer en son avenir. Elle n'hésite pas à se baptiser en grande pompe « l'Illustre-Théâtre ». Aussitôt, elle se met en quête d'une salle spacieuse, à la hauteur de ses succès futurs. Jusqu'au jour où l'un des frères Béjart entend parler d'un jeu de paume, qui ferait très bien l'affaire…

La paume est un sport à la mode depuis le siècle précédent, pratiqué par les nobles, les bourgeois et même les femmes ! Les joueurs, munis de raquettes, échangent une balle en cuir par-dessus une corde tendue à travers une salle tout en longueur. Les spectateurs prennent place, sur les côtés, dans des loges protégées d'un filet. On compte les points par 15, 30 et 40.

Eh oui ! vous avez bien reconnu l'ancêtre du tennis… Comme le jeu de paume échauffe les spectateurs autant que les joueurs, les salles se doublent rapidement d'un débit de boissons. Le tout formant « un tripot » de plus en plus mal fréquenté. La police commence à y fureter pour mettre de l'ordre, si bien que Louis XIII finit par ordonner la fermeture d'une grande partie des jeux de paume parisiens.

Imaginez un peu les spectateurs du tournoi de Roland-Garros lever leur verre et porter un toast à chaque fin de set.

Lorsque la compagnie de l'Illustre-Théâtre au grand complet visite la salle des Métayers, le propriétaire, trop heureux de louer un espace à l'abandon, assure qu'il sera facile de transformer son jeu de paume en théâtre. À condition d'y apporter quelques menus aménagements, évidemment… Coûteux ? Un peu, mais quand on se lance dans ce genre d'entreprise, il faut savoir investir ! Les comédiens dressent la liste de ces « menus » travaux, avec enthousiasme.

Consolider la charpente, qui menace de s'écrouler.

Installer une scène de neuf mètres sur quatre.

Garnir les loges de bancs et de sièges confortables pour les spectateurs les plus riches.

Faire paver la rue boueuse qui mène au théâtre afin de faciliter l'accès des carrosses.

Investir dans des décors, des accessoires, des chandelles.

Dénicher, en guise de costumes, des habits de cour auprès de généreux seigneurs.

Recruter un danseur et quelques musiciens.

Faire imprimer des affiches rouge et noir…

Comme Jean-Baptiste a financé la création de la compagnie grâce à l'argent de sa mère, il est nommé directeur de la troupe, chargé de signer les factures et les comptes.

C'est à ce moment qu'apparaît en bas des documents la signature : JBP Molière. Son nouveau nom de théâtre. Comment l'a-t-il choisi ? Il ne l'a jamais expliqué. Mais il faut admettre que « Molière » écrit en gros sur une affiche a bien plus d'allure que « Poquelin », non ?

La compagnie voit grand, très grand. Trop grand. Les « menus » travaux n'ont pas commencé qu'elle s'est déjà endettée pour payer les loyers d'avance exigés par le propriétaire de la salle. Alors elle emprunte de l'argent, un peu, beaucoup et toujours plus. Et le nombre de spectateurs suffit à peine à renflouer les caisses. La troupe décide d'emménager dans un autre jeu de paume, plus proche du quartier des théâtres. Re-travaux, re-loyers d'avance, nouveaux emprunts, nouvelles factures et de plus en plus d'artisans et de fournisseurs qui insistent pour se faire payer.

Un beau matin, Jean-Baptiste est jeté en prison pour avoir oublié de régler les factures des chandelles (notez qu'elles se comptent par centaines dans un théâtre). Tous ses créanciers profitent de l'occasion pour lui tomber dessus.

On vend tout, c'est-à-dire presque rien, les costumes et quelques décors, pour rembourser les dettes et le sortir de là. Cela ne suffit pas. Et Molière aurait pu croupir longtemps dans sa cellule répugnante du Châtelet, si monsieur Poquelin n'était venu le tirer d'affaire.

L'Illustre-Théâtre n'aura duré que trois ans. Après un tel échec, Molière a le choix : retrouver sa vie confortable et sans souci de tapissier ou bien fuir Paris et ses créanciers pour rejoindre une troupe en province et tout recommencer à zéro. Il a vingt-trois ans. Et il n'hésite pas une seconde. Et vous, qu'auriez-vous fait ?

Treize années d'apprentissage

Pour être honnête, on ne sait pratiquement rien des treize années que Molière passe en province. Selon la légende – et vous savez qu'il ne faut pas s'y fier –, Jean-Baptiste et ses amis allaient de village en village, dressaient leurs tréteaux sur la place de l'église, présentaient leur spectacle aux paysans du coin et dormaient dans une grange avant de repartir au matin. Ils voyageaient la faim au ventre, entassés sur une charrette croulant sous les décors et tirée par un pauvre cheval efflanqué.

Taratata ! Molière n'a pas connu la misère. Bien au contraire, il a été recueilli par une compagnie prospère où il a appris toutes les ficelles du métier.

Charles Dufresne, dont la troupe est bien établie dans le sud-ouest de la France, est un ami de Madeleine Béjart.

Il accueille les rescapés de l'Illustre-Théâtre comme des membres de la famille. Pour autant, Jean-Baptiste repart à zéro. Lui qui avait été propulsé grand patron à vingt et un ans se retrouve, du jour au lendemain, simple comédien dans une compagnie dirigée par un autre.

Très vite, Molière prend du galon. Il est chargé des relations avec les autorités locales auprès desquelles il doit demander la permission de jouer en ville, « en suppliant très humblement ces messieurs… » et en promettant d'éviter tout scandale. Bref, en se ratatinant devant des notables pour obtenir l'autorisation de faire son métier…

Tout en assurant son emploi de comédien, Molière continue de gravir les échelons. Au bout de quelques années, Charles Dufresne, fatigué, aspire à la retraite et décide de lui confier les rênes de la compagnie.

Jean-Baptiste a maintenant suffisamment d'expérience pour éviter de reproduire le naufrage de l'Illustre-Théâtre. Il a appris comment faire vivre une troupe et assurer sa sécurité financière.

L'argent, toujours l'argent ! Vous avez l'impression qu'il tient beaucoup de place depuis le début de cette histoire. N'allez pas croire que les comédiens choisissent ce métier pour s'enrichir ! Ça, non ! Cependant, l'argent est pour eux une préoccupation constante : comment vivre entre deux spectacles ou deux tournées, quand les recettes ne rentrent plus ? Comment payer son loyer quand on doit s'arrêter de jouer pour réfléchir, répéter, créer de nouvelles pièces ? Comment faire bouillir la marmite quand le spectacle ne marche pas et que les caisses restent vides ?

De nos jours, les comédiens bénéficient du « régime des intermittents du spectacle » mis en place en 1936. Cette caisse leur assure une certaine somme d'argent – appelée allocation – pendant les périodes de chômage ou de répétition.

Au XVIIe siècle, la sécurité financière d'un comédien est beaucoup plus aléatoire. Car elle dépend du bon vouloir de son « protecteur ».

Il s'agit d'un noble, très riche et très puissant de préférence, qui assure à la troupe le vivre et le couvert, en plus d'une pension versée chaque année. En échange, la compagnie joue pour lui ou bien dans les villes alentour, mais toujours en son nom (car il est de bon ton pour un seigneur d'avoir SA troupe). Cette sécurité financière ne tient qu'à un fil. Du jour au lendemain, par caprice ou par nécessité, le noble peut se séparer de sa troupe. Aucun contrat ni code du travail ne protége les comédiens du chômage…

Pendant ces treize longues années, Molière va passer d'un protecteur à l'autre, pour arriver chez le prince de Conti.

Personnage important du royaume, établi dans son château de l'Hérault, le prince a une réputation de fieffé libertin : il se moque de la religion, goûte à tous les plaisirs et collectionne les maîtresses. Pour se divertir, il décide de s'offrir une troupe à domicile. Voilà comment Molière et ses comédiens goûtent à la vie de château pendant trois ans. Jean-Baptiste, éternel curieux, en profite pour observer les intrigues et les manigances qui agitent la petite cour constituée autour de Conti – il s'en souviendra plus tard et s'en inspirera pour ses pièces.

Un jour, il en est la victime. En quelques mois, un évêque, passé maître dans l'art de la flatterie, prend une influence grandissante sur Conti. Le prince libertin finit par se convertir. Avec excès, comme à son habitude. Désormais, il passe son temps le nez plongé dans ses livres de prières et, rapidement, ne supporte plus la vue des comédiens si dangereux pour son âme. Il les chasse, sans aucune considération. Quelle humiliation !

Acteur et auteur

Nous sommes en 1658, Molière a trente-six ans. Trapu, large d'épaules et bien campé sur des jambes musclées par le travail de la scène, il se pose en homme mûr. Sa peau s'est tannée, des rides creusent ses traits devenus plus durs. Son front s'est dégarni et il devra bientôt porter une perruque. Seul le regard est resté le même. De gros yeux ronds, à fleur de peau, mobiles et toujours étonnés.

Molière est devenu une bête de scène. Ses treize années d'expérience l'ont fait passer maître dans l'art du jeu et de l'expression scénique. Acteur de la tête aux pieds, une seule de ses grimaces, le moindre de ses mouvements en disent plus qu'une longue tirade.

C'est aussi un directeur de troupe efficace et passionné qui vit au milieu de ses acteurs. Il sait les stimuler, les mettre en valeur, mais également les diriger lors des répétitions. Il sera le premier à inventer la mise en scène, en indiquant à ses comédiens les gestes et les intonations qu'il attend d'eux.

Surtout, depuis peu, Molière écrit. Il serre dans ses bagages quelques petites farces de sa composition. Celles d'un débutant plein de talent.

Un acteur-auteur, voilà qui est original ! À l'exception de Shakespeare, la plupart des grands dramaturges de l'époque, les Corneille, Rotrou ou Racine, comme les suivants d'ailleurs, écrivent des pièces à temps plein, et ne sont pas comédiens. Pourquoi écrire ?

Molière s'investit déjà tellement sur scène et dans sa troupe. Peut-être que sa compagnie manquait de nouvelles pièces ? Ou bien Madeleine, qui croyait en lui, l'a poussé à écrire ? L'un de ses protecteurs lui a passé commande ? Ou alors il a senti lui-même qu'il en était capable ? Mystère de la vocation littéraire…

Notez que Molière a commencé par le plus simple. Il a d'abord tricoté une farce – dont nous avons malheureusement perdu la trace. La troupe est friande de ce genre de divertissement et en fait une grande consommation. Il s'agit d'une petite pièce que l'on joue après la grande, comme un dessert ou une cerise sur le gâteau. L'intrigue en est toujours très simple : un mari trompeur qui finalement est trompé, un valet plus malin que son maître qui pourtant fait la leçon à tout le monde… Elle ne doit manquer ni de bastonnades, ni de coups de pied dans le derrière. Les comédiens, cachés sous leur masque de cuir, jouent avec les postures, les mimiques et les acrobaties. Ils déforment leur accent ou leur timbre de voix pour s'envoyer des piques et des calembours.

C'est un théâtre réjouissant.

Cette première pièce écrite, Molière ne peut plus s'arrêter. Bientôt, les foules s'esclaffent à ses farces. On fait même des kilomètres pour les applaudir. Puis les rires du public dépassent les frontières de la région. Ils éclatent si haut et si fort qu'ils se font entendre jusque dans la capitale.

À trente-six ans, Molière a désormais les moyens de ses ambitions. Acteur, auteur et directeur de troupe, il peut retenter sa chance à Paris.

ACTE III

La présentation au roi

Il est temps d'aller faire un tour au musée du Louvre à Paris. Direction le département des antiquités grecques, étrusques et romaines au rez-de-chaussée de l'aile Sully. Essayez de faire abstraction des statues antiques qui y dorment aujourd'hui et imaginez que cette partie du musée était autrefois un palais royal plein d'animation où l'on bavardait, mangeait, déambulait et où l'on assistait à des spectacles…

Rendez-vous dans la salle des Caryatides. Elle tient son nom de ces quatre statues de femmes soutenant la tribune que vous apercevez au fond de la pièce – c'est là-haut que s'installaient les musiciens du roi. À l'époque de Molière, on la désignait comme la « salle des Gardes ». Elle faisait partie des appartements du roi Louis XIV et servait de salle de réception.

Le 24 octobre 1658, on vient d'y dresser une estrade. La scène est cachée par des tentures faisant office de rideaux. En face, on a disposé des fauteuils sur plusieurs rangées.

Voilà enfin la cour qui fait son entrée, emmenée par le jeune roi Louis XIV.

Surtout, n'allez pas l'imaginer en perruque, comme on le voit dans tous les livres d'histoire. En 1658, le roi a vingt ans et tous ses cheveux. Une belle chevelure, châtain et bouclée, d'après ce que l'on sait. Quinze ans plus tard, atteint d'une calvitie précoce, Sa Majesté se résignera à porter la perruque et en lancera la mode…

Il s'installe au premier rang. Très droit dans son fauteuil, une main posée sur le pommeau de sa canne, il est entouré de son frère Philippe d'Orléans et de sa mère Anne d'Autriche. Le roi est seul à avoir conservé son immense chapeau à plumes d'autruche. Dans quelques instants, son frère va lui présenter sa nouvelle troupe de théâtre, dirigée par un certain Molière, dont on dit le plus grand bien en province. (Vous voyez que notre ami Molière n'a pas tardé à se trouver un nouveau protecteur, et pas n'importe qui, puisqu'il s'agit du frère du roi. Attention ! Rien n'est encore joué.

Il faut à tout prix plaire à Louis XIV pour être accepté à Paris.)

Soyons sûr que Molière a dû glisser un œil derrière le rideau pour observer le public. Il a sans doute grimacé en découvrant au dernier rang le gratin des comédiens de Paris : le grand Montfleury (celui qui déborde de son fauteuil tant il est obèse), la célèbre tragédienne Mademoiselle de Beauchâteau et la troupe au grand complet de l'Hôtel de Bourgogne. Derrière leurs éventails, ils pouffent d'avance en imaginant cette troupe de rustauds débarqués de leur campagne qui osent venir se montrer à Paris.

Pas le temps de s'en inquiéter. Le spectacle va débuter…

La farce triomphe

Correcte. La représentation est correcte. Tout juste correcte. Molière a pourtant choisi de faire jouer *Nicomède*, une tragédie du grand maître Corneille. Mais rien n'y fait. Malgré tous les efforts, les spectateurs n'ont pas l'air emballés. La petite étincelle de curiosité dans leurs yeux s'est vite éteinte. Et maintenant, la mine résignée, ils semblent attendre patiemment la fin du spectacle. Au dernier rang, les comédiens rivaux de l'Hôtel de Bourgogne jubilent, triomphants : ils restent les maîtres incontestés de la tragédie en France, seul genre théâtral qui compte vraiment. Le spectacle à peine terminé, Molière s'avance alors sur scène pour parler au nom de sa troupe :

– Sa Majesté a bien voulu souffrir nos manières de campagne dans une tragédie. Aurait-elle la bonté d'accepter de voir jouer maintenant un de ces petits divertissements dont nous régalions les provinces ?

Le discours modeste et spirituel fait mouche. D'un signe de tête, le roi accepte de voir *Le Docteur amoureux*, cette petite farce écrite par Molière. C'est une seconde chance. Il ne faut pas la manquer. Sur scène, Molière est à son affaire. La farce n'est-elle pas son domaine ?

Entraînés par leur chef de troupe, les autres comédiens se surpassent. Leurs efforts et leur talent sont vite récompensés. Le roi rit franchement. Aussitôt la cour rugit ! C'est un succès.

Sa Majesté a apprécié et elle le prouve. Elle offre à Molière et à sa compagnie un théâtre. Certes, ils devront le partager et jouer en alternance avec la troupe des Italiens. Mais tout de même, un théâtre à Paris, qui n'en compte que trois ! C'est un cadeau royal.

Un mauvais tragédien ?

Pour être honnête, le succès n'est pas total. Impossible d'ignorer l'accueil mitigé réservé à Molière et à sa troupe lorsqu'ils ont joué cette tragédie de Corneille dans la première partie de leur spectacle.

Comment Molière, considéré comme le plus grand comédien de son temps, serait-il un mauvais tragédien ? Ses ennemis l'ont toujours présenté comme tel. Et les spécialistes se sont longtemps interrogés sur le sujet.

En vérité, Molière avait une manière très personnelle d'interpréter la tragédie : il jouait avec naturel. Cela ne se faisait pas à l'époque, bien au contraire. Même, si dans la pièce, il est suggéré que le personnage susurre des mots d'amour à l'oreille de sa bien-aimée, l'acteur venait se planter face au public. Puis il devait « faire ronfler les vers », tonner, glapir, brailler, et même s'arrêter au milieu d'une tirade pour souligner la beauté d'un passage.

Aujourd'hui, vous trouveriez ça ridicule. Mais à l'époque, les spectateurs en redemandaient ! Molière n'a jamais pu les convaincre que la tragédie pouvait se travailler différemment, en jouant avec une diction « naturelle », adaptée au sens du texte.

Pourtant ce n'est pas faute d'avoir essayé. Une fois installé à Paris, Molière s'acharne à jouer « en pièces principales » des tragédies écrites par les plus grands auteurs de l'époque. Mais c'est la farce suivante qui recueille tous les bravos… Il créera même une pièce « sérieuse », *Dom Garcie de Navarre,* afin de se débarrasser de son étiquette de farceur et de bouffon. Mais ce sera un four retentissant…

Il tire donc la leçon de ses échecs. Puisque la tragédie ne veut pas de lui, il va se consacrer entièrement au rire. Il commence par remettre la farce au goût du jour. Puis il écrit *Les Précieuses ridicules*, une petite pièce d'un genre nouveau, qui n'est plus tout à fait une farce et pas encore une comédie. Il y décrit deux jeunes provinciales montées à Paris, qui pensent imiter les grandes dames de la capitale en parlant d'une manière si raffinée et snob que dans leur bouche de simples fauteuils deviennent des « commodités de conversation ».

Molière y distille les éléments traditionnels de la farce : les coups de bâton, le déguisement, les improvisations, le masque du farceur. Mais la nouveauté, celle qui bouleverse pour toujours le genre comique en France, c'est le sujet choisi. Molière abandonne les personnages caricaturaux (maris trompés, doc-

Quelle fougue et quelle assurance un brin moqueuse ! C'est l'époque où Molière triomphe en province et croit en son avenir. Il sent que le monde lui appartient. Avez-vous noté son front haut, jamais représenté dans les autres portraits ? Normal : il ne porte pas encore la perruque qui lui cachera bientôt les oreilles et une partie du front.

Molière a choisi d'être représenté en tragédien, le genre noble, le seul qui compte vraiment pour un acteur de l'époque… Jusqu'au jour où Molière fera de la comédie l'égale de la tragédie.

Molière était-il bel homme ? Les avis comme les portraits divergent. Ici, il paraît plutôt séduisant avec sa légère bosse sur le nez…

Molière n'est plus en habits de scène, mais dans sa tenue officielle d'artiste reconnu. C'est désormais un auteur célèbre souvent représenté une plume ou un livre à la main, le regard pensif et mélancolique.

1. Molière en Arnolphe
Molière joue Arnolphe, le personnage principal de *L'École des femmes*, sa première grande comédie. Il porte les vêtements d'un bourgeois, une condition à laquelle il a échappé en refusant d'embrasser la carrière de tapissier.

2. Molière en Sganarelle
Molière avait beaucoup d'affection pour ce personnage au point de s'en servir dans sept de ses pièces. Le rôle n'a pas cessé d'évoluer. D'abord bourgeois ridicule, Sganarelle change de condition sociale pour se transformer en valet roublard et rusé. La couleur de son costume varie selon la pièce : cramoisi dans *Le Cocu imaginaire*, jaune et vert dans *Le Médecin malgré lui*.

3. *Le Bourgeois gentilhomme*
Un visage rond, des yeux saillants, une silhouette trapue… C'est bien lui ! On reconnaît facilement Molière dans son costume de Monsieur Jourdain, le héros de la pièce.

Dom Juan
On distingue la bouille ronde de Molière sous les traits de Sganarelle, le valet de Dom Juan. Il ne s'est pas attribué le premier rôle, mais le plus comique.

Il pourrait s'agir du comédien La Grange dans *Les Précieuses ridicules*. Les costumes de scène peuvent être somptueux et suivre la mode du moment. Ce sont bien souvent des cadeaux de généreux donateurs.

Représentation du *Malade imaginaire* à Versailles
Un an après la mort de Molière, la pièce est jouée pour la première fois à Versailles devant la cour. Au centre de la scène, le fameux fauteuil dans lequel Molière interpréta son dernier rôle. Les acteurs de la Comédie-Française continueront à l'utiliser jusqu'en 1880. Ce qui explique son état actuel…

Prenez la peine d'observer dans les détails ce Paris de Molière. C'est le temps où les Parisiens lavent leur linge dans la Seine et ne craignent pas de s'y baigner tout nus. Celui où les passants frayent avec les animaux de ferme, où les pauvres comme les riches se déplacent à pied au milieu des premiers carrosses et doivent s'acquitter d'un péage pour rejoindre l'autre rive.

Saltimbanques et bouffons, tels qu'on pouvait les croiser sur le Pont-Neuf où dans les grandes foires commerçantes de Paris.

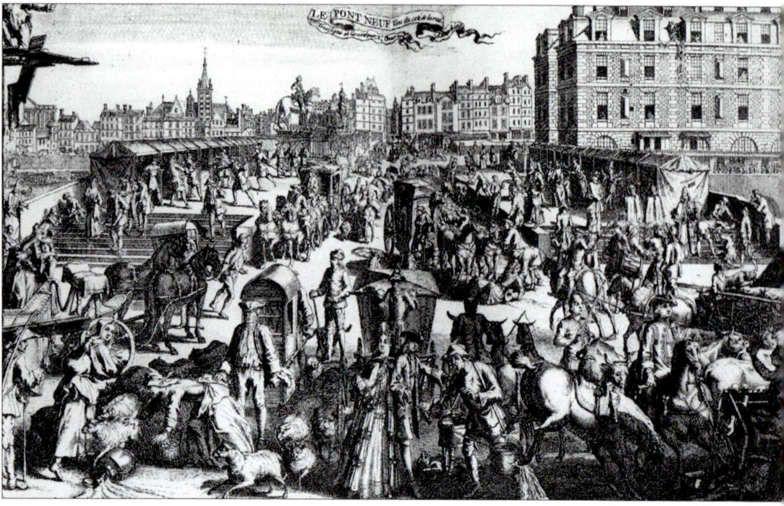

L'embarras de Paris sur le Pont-Neuf
Pour marcher dans Paris ayés les yeux alertes,
Tenez de tous côtes vos oreilles ouvertes,
Pour n'être pas heurté culbutté ou blessé,
Car si n'ecoutez parmy le tintamarre,
Garre garre la bas Garre rangez votre garre,
Ou du haut ou du bas vous serez écrasé

Les cris de Paris
Farine moulue, farine !
Au lait commère, par ici voisine !
J'ai des cerises et du verjus !
Je sais bien refaire les huches !

Ancêtre du tennis, le jeu de paume est un sport furieusement à la mode jusqu'au XVIIe siècle. Pour éviter les balles de cuir perdues, les spectateurs, placés dans des loges de chaque côté, sont protégés par des filets. Par la suite, ces salles sont transformées en « théâtres à la française », mais l'espace est étroit (12 mètres de large), l'acoustique fort mauvaise et la scène étriquée.

Le roi et la cour au théâtre

Le « théâtre à la française » tel qu'il se présente au XVIIe siècle. Habituellement, le parterre grouille de spectateurs qui assistent à la représentation debout. Ici, il est réservé tout entier au roi et aux personnages les plus importants du royaume. Les courtisans occupant les loges sur le côté ont le regard rivé sur Sa Majesté et semblent indifférents au spectacle qui se joue sur le « plateau » au fond de la salle.

Armande Béjart (en médaillon)
Ce n'est pas une beauté mais elle a du charme... Célébrité de son époque, l'épouse de Molière a lancé les modes et comptait de nombreux admirateurs... Aujourd'hui, elle serait traquée par les paparazzi et ferait la une des magazines « people ».

Madeleine Béjart
Le grand amour de Molière était elle-même une fabuleuse actrice, selon G. de Scudéry, l'un de ses contemporains : « Elle était belle, elle était galante, elle avait beaucoup d'esprit, elle chantait bien ; elle dansait bien ; elle jouait de toute sorte d'instruments ; elle écrivait fort joliment en vers et en prose et sa conversation était fort divertissante. Elle était de plus une des meilleures actrices de son siècle. »

Louis XIV en costume de ballet
Le Roi-Soleil adore danser. Il prend cette activité très au sérieux. Avant de se produire, parfois en solo devant la cour, il travaille ses entrechats à s'en rendre malade, selon un témoin. Avec plus de légèreté, il lui arrive de participer à des comédies-ballets de Molière comme dans *Le Mariage forcé* où il interprète sans complexe un gitan de fantaisie.

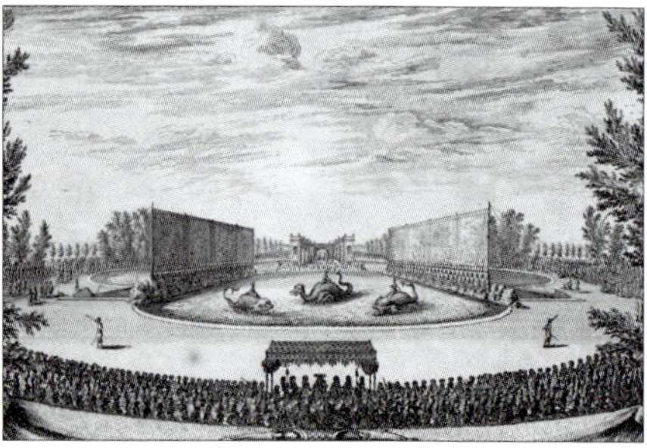

Les Plaisirs de l'île enchantée
Mesdemoiselles Du Parc, de Brie et Molière montées sur des monstres marins. Une journée parmi tant d'autres à l'occasion de ces fêtes de Versailles mises en scène par Molière.

teurs pédants, femmes jalouses...) employés dans la farce depuis le Moyen Âge. Il s'attaque à l'actualité de son temps pour tourner en ridicule les petits marquis et les femmes qui font trop d'esprit. Et ça, c'est nouveau !

La grande famille du théâtre

Lorsqu'il ne travaille pas, Jean-Baptiste retrouve sa ville, qui a peu changé pendant ses treize années d'absence.

Paris est toujours aussi puante et bruyante, comme la décrit le poète Paul Scarron :

Un amas confus de maison,
Des crottes dans toutes les rues,
Ponts, églises, palais, prisons,
Boutiques bien ou mal pourvues ;
Force gens noirs, blancs, roux, grisons,
Des prudes, des filles perdues,
Des meurtres et des trahisons,
Des gens de plume aux mains crochues...
Pages, laquais, voleurs de nuit,
Carrosses, chevaux et grands bruits,
C'est là Paris ? Que vous en semble ?

Mais çà et là, Molière note quelques changements : de nouveaux hôtels particuliers, des hôpitaux et plus de carrosses dans les rues.

La troupe s'est installée dans une grande maison louée par Marie Hervé Béjart, sur les quais de la Seine, près du Louvre. Les comédiens n'ont pas eu le cœur à se séparer après ces treize années de vie en communauté.

Imaginez à l'heure du repas la tribu s'installer au grand complet dans la cuisine, autour d'une table dressée pour l'occasion et recouverte de victuailles et de bouteilles. On dévore à pleines mains et à belles dents les pigeons et les pâtés en croûte préparés par Catherine, la cuisinière. Entre deux bouchées, on s'essuie les mains sur la nappe avant de lever son verre. On rit beaucoup. On se console après l'échec d'une pièce. On se chamaille parfois. Bref, on vit ensemble pour le meilleur et pour le pire.

Il y a là le fidèle La Grange, aussi doué pour la comédie que pour tenir le registre de compte. Cette belle brune à la mine fière, c'est la marquise Du Parc (pas plus marquise que la servante, d'ailleurs...), avec à ses côtés son époux Gros-René, qui porte si bien son nom de scène. Blonde aux joues roses, voici Catherine de Brie, couvée d'un œil jaloux par son comédien de mari (il a bien raison de se méfier...). Ils sont en grande conversation avec Du Croisy et sa femme. Les membres de la famille Béjart occupent un banc à eux tous seuls : Joseph le Bègue, Louis dit l'Éguisé, Geneviève et bien sûr Madeleine.

Elle est toujours aussi belle, Madeleine. Belle comme on peut l'être à quarante ans... Le temps des amours est passé. Et Molière ne l'aime plus comme avant. Après Madeleine, il a connu d'autres femmes, des actrices de sa troupe parfois. Mais elle reste pour toujours son premier amour. La première aussi à l'avoir poussé sur scène ; la première à avoir cru en lui. Molière n'envisage ni la vie ni le théâtre sans elle. Elle est devenue une amie indispensable.

Vous êtes déçus ? Ne le soyez pas. Cette complicité vaut autant qu'un mariage. Apprenez que les anciens amants se suivront dans la tombe. Ils mourront à un an d'intervalle... jour pour jour.

Voilà donc la deuxième famille de Molière. La grande famille du théâtre ! Elle n'est pas encore au complet. Il faut vous présenter cette jolie brune tout en charme et en coquetterie, installée en bout de table près de Molière. C'est Armande, la dernière des filles Béjart. C'est une enfant de la balle qui a grandi dans la troupe.

Molière l'a connue toute gamine, lorsqu'elle s'appelait encore Mademoiselle Menou, puis l'a vue croître et embellir. Aujourd'hui, il se surprend à la regarder du coin de l'œil, avec un léger fourmillement dans le cœur.

Approchez et regardez-la bien, vous aussi. Vous avez devant les yeux la future madame Molière. Ce n'est pas une beauté, mais elle a un charme fou, paraît-il.

Touchez-en deux mots à Jean-Baptiste.

Dites-lui à l'oreille : « Elle a les yeux petits. »

Il répondra : « Cela est vrai, elle a les yeux petits ; mais elle les a pleins de feux, les plus brillants, les plus perçants du monde, les plus touchants qu'on puisse voir. »

Alors objectez : « Elle a la bouche grande. »

Il rétorquera : « Oui, mais on y voit des grâces que l'on ne voit pas aux autres bouches ; et cette bouche inspire des désirs, est la plus attrayante, la plus amoureuse du monde. »

Dites-lui encore : « Sa conversation… »

Il répondra : « Sa conversation est charmante. »

Si vous insistez : « Pour de l'esprit… »

Il balayera : « Ah ! Elle en a, du plus fin, du plus délicat. »

Alors concluez, un brin agacé : « Mais enfin, elle est capricieuse autant que personne au monde... »

Il avouera dans un soupir : « Oui, elle est capricieuse, j'en demeure d'accord ; mais on souffre tout des belles... »

Félicitations ! Vous venez de jouer un extrait de la scène 9 de l'acte III du *Bourgeois gentilhomme* écrit par Molière des années plus tard. D'après les témoins de l'époque, il s'agit du portrait craché d'Armande.

La tribu est au complet en ce mardi, « jour ordinaire de comédie ». Il est temps de se préparer pour la représentation de l'après-midi. Pas de précipitation : le spectacle commence toujours avec deux bonnes heures de retard...

Un après-midi chez Molière

Rendez-vous à l'entrée du théâtre du Palais-Royal, où se pressent les premiers spectateurs. Chacun occupe son rang, chacun paye son prix.

Pour cinq livres et dix sols, « le beau monde » se réserve les loges les plus chères disposées à hauteur de scène, de chaque côté de la salle.

Pour le même prix, les aristocrates les plus snobs s'installent sur des chaises de paille disposées sur la scène elle-même. Ils sont turbulents et malpolis, les retardataires n'hésitant pas à interrompre la représentation pour réclamer un siège. Plus gênant encore, ils laissent peu de place aux comédiens pour jouer. Pourtant personne n'est dupe : ces spectateurs sont là plus pour être vus que pour voir de près…

Pour trois livres, les bourgeois se réservent les gradins au fond de la salle. On y voit bien mais on y entend mal. Ils préfèrent souvent, pour la moitié du prix, les loges du second rang, au-dessus du « beau monde ».

Pour quinze sols, le gros du public, le peuple des valets, étudiants, artisans, occupe le parterre et reste debout durant les quatre heures de représentation…

Pour une entrée gratis, il y a, comme partout, les resquilleurs, ceux qui ne veulent pas payer et qui parlementent à l'entrée jusqu'à menacer et bousculer le portier. Les champions de la resquille sont les mousquetaires, fiers-à-bras et forts en voix… Ce sont bien sûr les derniers à entrer. Il est bientôt seize heures, la représentation peut enfin commencer.

Commencer ! Mais vous n'y pensez pas, avec tout ce bruit et toute cette agitation ! Il faut d'abord que le public se calme et s'installe, se retienne de tousser, de se moucher, de bouger, de se tortiller, de chantonner ou de parler à son voisin… C'est bien ainsi que vous avez appris à vous comporter lorsque vous assistez sagement à une pièce de théâtre, non ? Et vous avez tout à fait raison. Sauf qu'à l'époque de Molière, c'est tout le contraire.

On se croirait à un spectacle de guignol pour adultes.

Pendant les quatre heures de la représentation, les spectateurs du parterre vont et viennent dans une salle éclairée comme en plein jour par des dizaines de lustres croulant sous les chandelles. Les connaissances se saluent, se tapent dans le dos et taillent le bout de gras. Il arrive qu'un groupe s'isole pour improviser une partie de cartes. Autour des joueurs, les voleurs, coupe-bourses et vide-goussets en tout genre entament leur ronde. Plus loin, deux mousquetaires se cherchent querelle, finissent par dégainer leur épée en menaçant de s'embrocher. Au milieu du vacarme, les vendeurs crient à tue-tête pour proposer leurs tisanes et leurs limonades rafraîchissantes.

Le spectacle est dans la salle autant que sur la scène. Car, pendant ce temps, la pièce a commencé. Et les acteurs déploient une énergie de tous les diables pour attirer l'attention du public. La troupe est bonne et Molière, un merveilleux acteur.

Par moments, le bruit s'estompe et, comme par magie, les spectateurs suivent avec attention ce qui est en train de se jouer sur scène. Jusqu'à ce qu'un commentaire fuse du parterre et que la salle éclate de rire. On appelle « brouhaha » ces cris et ces applaudissements.

Si les acteurs sont gênés par le bruit, ils ne le montrent pas. Cela fait partie de leur ordinaire. Molière, qui connaît son public, a d'ailleurs écrit sa pièce en pointillé. Avec des moments forts et des scènes clefs qui parviennent à capter l'intérêt du public tout entier, avec des moments plus légers où les spectateurs qui le souhaitent peuvent à nouveau reporter leur attention sur ce qui se passe non seulement sur scène mais aussi dans la salle.

Mais qu'est-ce encore ? Voici que les acteurs quittent la scène alors que la pièce a commencé il y a vingt minutes à peine ! Regardez donc au-dessus de votre tête : les chandelles des lustres sont pratiquement consumées. Il est temps pour les « moucheurs » d'entrer en piste et d'éteindre ces trognons de cire, et pour les « chandeliers » de les remplacer par des chandelles flambant neuves. Voilà pourquoi une pièce est divisée en plusieurs « actes » de chacun vingt minutes : c'est le temps que durent les chandelles.

À la fin de l'acte V, le rideau se referme pour ne plus se relever. Molière se change et se démaquille rapidement. Il doit encore partager la recette du jour. L'argent est déversé sur une table et compté. Le patron commence par payer les employés du théâtre : concierge, portier, contrôleur des portes, décorateurs ordinaires, costumières, assistants, ouvreurs de loges, imprimeur, afficheur, moucheurs, chandeliers... ça fait beaucoup de monde. Le reste est divisé en parts égales. Une pour chaque comédien, quel que soit son rang. Il y a plusieurs semaines, Jean-Baptiste a demandé l'autorisation de s'attribuer une part supplémentaire si d'aventure il prenait une épouse. Tout le monde a vite compris qu'il y avait du mariage dans l'air...

La querelle de L'École des femmes

1662 est une année importante pour Molière et le théâtre français. Cette année-là, Jean-Baptiste Poquelin épouse la jeune Armande Béjart dans une petite chapelle à peine éclairée de l'église Saint-Germain-l'Auxerrois. Elle a vingt ans, il en a quarante, elle pourrait être sa fille. Il l'aime d'amour, plus qu'elle ne l'aimera jamais. Il le sait, comme il sait déjà que ce mariage le rendra malheureux...

1662 est aussi l'année de la création de *L'École des femmes*. Cette fois, il n'est plus question de farce. Molière frappe un grand coup en présentant une comédie qui joue d'égal à égal avec la tragédie.

Jusqu'alors la tragédie se différenciait de la comédie par un dénouement malheureux (quelqu'un doit mourir à la fin d'une tragédie), la mise en scène de personnages nobles (que du beau monde : des princes, des rois, des dieux...), son sujet inspiré de la mythologie, et sa forme (en cinq actes et en vers). La comédie, elle, ne dépasse pas trois actes, s'écrit en prose, se contente de personnages simples et de sujets inspirés de la vie quotidienne. La tragédie est un genre noble, la comédie un genre mineur et presque vulgaire.

Avec *L'École des femmes*, Molière change la donne.

Sa grande comédie raconte l'histoire d'un vieux barbon, Arnolphe, amoureux fou d'une jeune orpheline, Agnès. Pour être sûr d'en faire une épouse sotte et docile, il l'enferme entre quatre murs pour la couper du monde. Mais elle croise par hasard le jeune et bel Horace, et le plan d'Arnolphe s'écroule... Écrite en cinq actes et en vers comme une tragédie, la pièce combine l'étude d'un jaloux ridicule (comédie de caractère) et la critique d'une société qui asservit les épouses et refuse l'éducation aux filles (comédie de mœurs). Le spectateur rit, mais ce n'est plus la franche rigolade de la farce, c'est un rire moins innocent et plus complexe, un rire qui débouche sur la critique et la réflexion.

Évidemment, la pièce fait un triomphe.

C'est à ce moment-là que les choses se gâtent. Tant que Molière se contentait de la farce, personne ne trouvait rien à redire. Mais depuis qu'il affiche l'ambition de rivaliser avec la tragédie, les ennemis surgissent de tous côtés. Des jaloux pour la plupart.

D'abord, les acteurs des troupes rivales, notamment celle de l'Hôtel de Bourgogne, déclarent que cette pièce est mal écrite et fort mal jouée. Les plus fourbes vont jusqu'à se mélanger au public pour huer et siffler la représentation. Ils ont de quoi s'inquiéter : leurs recettes ont chuté brutalement au moment de la sortie de la pièce de Molière. Ensuite, les bien-pensants estiment que *L'École des femmes* est une pièce dangereuse qui remet en question la morale et l'éducation des jeunes filles, qui bouscule les règles du mariage, qui tient des propos indécents, obscènes…

Les plus perfides s'en prennent à la vie privée de Molière et à sa toute jeune épouse. Ils suggèrent que l'auteur s'est inspiré de son propre couple et que son ménage bat déjà de l'aile…

D'autres, enfin, attaquent la pièce sans même l'avoir vue ; simplement pour faire parler d'eux…

Molière fait front, et répond à ses détracteurs, chez lui, dans son théâtre, avec deux autres pièces, *La Critique de l'École des femmes* et *L'Impromptu de Versailles*. Ses ennemis contre-attaquent…

Quel feuilleton ! La querelle agite le Tout-Paris pendant plus d'un an et aurait pu durer davantage si le roi n'était intervenu.

À la stupeur générale, Louis XIV soutient Molière et décide de lui accorder une pension. Dorénavant, le grand auteur comique recevra mille livres chaque année. Et pour faire un geste supplémentaire, Louis XIV accepte d'être le parrain du premier fils de Jean-Baptiste et d'Armande (malheureusement, comme beaucoup de nourrissons de l'époque, le petit Louis mourra à l'âge de quelques mois…).

Les ennemis de Molière se taisent enfin. Jean-Baptiste est intouchable. Pour l'instant.

ACTE IV

Le lever du roi

« Jean-Baptiste Poquelin, tapissier du roi ». Vous vous souvenez de cette charge royale achetée par maître Poquelin pour son fils aîné ? Vous pensiez logiquement que c'était de l'histoire ancienne et que Molière l'avait jetée aux orties en même temps que son destin de tapissier… Détrompez-vous. Vingt ans plus tard, il ne la céderait pour rien au monde. Cette charge royale est un laissez-passer, ô combien précieux, qui lui permet d'approcher au plus près Louis XIV.

Régulièrement, Molière ou plutôt Jean-Baptiste Poquelin se rend donc, peu avant huit heures, au palais du Louvre pour accomplir son travail de tapissier du roi. Cela ne prend que quelques secondes, le temps de rabattre la couverture du lit royal et de la lisser du plat de la main… Molière a ensuite tout le loisir d'assister au lever du roi, ce fameux rituel de deux heures décrit dans vos livres d'histoire. Soyez certain que ce professionnel de la mise en scène apprécie en connaisseur… Et d'abord, place aux figurants ! L'huissier fait entrer une cinquantaine de courtisans qui attendent dans l'antichambre. Quelle cohue ! On pousse, on tire, on joue des coudes, on se marche sur les pieds. Mais on se laisse écrabouiller les orteils sans un cri ni un soupir, tout en gardant le sourire. La bataille est feutrée mais féroce pour se placer au plus près du roi et de sa « chaise d'affaires ».

De quelle chaise s'agit-il ? Certainement pas d'un trône, mais d'une chaise percée, sur laquelle Louis XIV, encore en chemise, vient s'installer. Vous avez bien lu, le roi fait ses besoins en public, et ça ne choque personne ! Tout le « beau monde » le fait. On reçoit ses invités « sur sa chaise », on y cause, on y écrit… C'est assis sur cette chaise que le roi reçoit les suppliques, complimente l'un, adresse un bon mot à un autre ou ignore un importun. C'est de ce siège, sans doute, qu'il adresse publiquement son soutien à Molière et là, peut-être, qu'il discute avec lui de sa prochaine comédie-ballet, *Le Mariage forcé*, dans laquelle le roi dansera en costume de bohémien.

La comédie-ballet

La comédie-ballet est un nouveau genre créé par Molière. Le jeune monarque en raffole.

Car Louis XIV, qui joue du clavecin et de la guitare, est aussi un excellent danseur.

Un virtuose ! si l'on en croit les gazettes de l'époque, qui le montrent travaillant pendant des heures ses entrechats et ses pirouettes comme un véritable professionnel. Jusqu'alors, le roi se produisait lors des ballets de cour : une succession de tableaux animés, au mieux liés entre eux par une histoire niaise, au pire sans queue ni tête. Jusqu'au jour où Molière révolutionne le genre à l'occasion des fêtes de Vaux.

Fouquet, le surintendant des finances, s'était mis en tête d'organiser une fête somptueuse dans son nouveau château de Vaux-le-Vicomte et d'y inviter le roi. Il avait fait appel aux artistes les plus talentueux du moment : le peintre Le Brun signait les décors amovibles, Torelli imaginait le feu d'artifice final et Molière se chargeait du spectacle. Jean-Baptiste devait se débrouiller pour écrire, mettre en scène et répéter une nouvelle comédie, en quinze jours à peine.

Intilulée *Les Fâcheux*, cette pièce conte l'histoire fort simple de deux jeunes amoureux empêchés de roucouler en paix par des importuns, des gêneurs, des fâcheux qui se succèdent sur scène. Dans la fièvre de l'improvisation, Molière eut l'idée de mêler aux acteurs des danseurs jouant eux aussi le rôle de fâcheux. La première comédie-ballet était née ! Et le roi fut complètement emballé. (Molière lui en écrira quelques autres, comme *Le Bourgeois gentilhomme* ou *Le Malade imaginaire,* où s'entremêlent des scènes dansées et chantées en rapport avec la pièce.)

Pendant que Molière triomphait, Fouquet, lui, tombait.

Le surintendant qui voulait éblouir Louis XIV ne réussit qu'à le fâcher. Le roi, jaloux et agacé par tant de fastes, fit arrêter le maître de cérémonie par un certain d'Artagnan et le fit emprisonner à vie. Dès lors, le jeune monarque décida de se faire construire, lui aussi, un palais si magnifique qu'il resterait à jamais sans rival : le château de Versailles.

Les Plaisirs de l'île enchantée

En 1664, Versailles est déjà un parc, mais pas encore un château. Les travaux, pour transformer le pavillon de chasse de Louis XIII en palais idéal, ont débuté il y a trois ans à peine. Il en faudra quinze autres pour que Versailles ressemble à ce qu'il est aujourd'hui : un magnifique ensemble de bâtiments à toits plats et de terrasses à balustrades. Pour l'instant, seul le jardinier Le Nôtre a fait jaillir de la terre marécageuse des plans d'eau, des bosquets et des murs de verdure.

C'est dans ce théâtre végétal que Louis XIV a l'idée d'organiser *Les Plaisirs de l'île enchantée.* La fête doit durer une semaine, accueillir six cents convives et surtout faire oublier à jamais celle de Vaux-le-Vicomte… Le roi a fait appel aux meilleurs et nommé Molière « grand organisateur des divertissements ». C'est un immense honneur et… une responsabilité écrasante. Molière a si peu de temps devant lui qu'il bâcle *La Princesse d'Élide*, la nouvelle pièce écrite pour ces fêtes, dont seule la première partie est en vers. Comment un perfectionniste tel que lui peut-il se résigner à saboter son travail ? Difficilement sans doute. Mais il s'en explique dans *L'Impromptu de Versailles* : « Les rois n'aiment rien tant qu'une prompte obéissance… Il vaut mieux s'acquitter mal de ce qu'ils nous demandent que de s'en acquitter pas assez tôt. » À dire vrai, Molière s'est toujours bien acquitté de ce que lui demandait Louis XIV, même dans les conditions les plus difficiles.

Retrouvons-le dans les jardins de Versailles. C'est facile, il suffit de suivre le parcours tracé par ces panneaux de toile, ces haies d'orangers et ces fleurs en pots qu'on a placés là pour dissimuler les échafaudages et tout le bric-à-brac des ouvriers qui travaillent sur le chantier du château. Demain, le cortège royal empruntera le même chemin, mené par les comédiens de Molière. Ils en seront les vedettes. La Grange, en costume d'Apollon, fera son apparition juché sur un char de six mètres de haut, serti d'or et de pierreries, avec à ses pieds les quatre siècles représentés par Armande, Hubert, Catherine de Brie et du Croisy. Tout autour, des monstres célestes, des pythons, les heures du jour et les douze signes du zodiaque danseront au son des violons de Lulli.

Le défilé sera grandiose et flamboyant... et les sept jours qui suivent le seront tout autant ! On devrait même apercevoir Gros-René sur un éléphant suivi de la Thorillière sur son chameau, Molière déguisé en dieu Pan et la magicienne Alcine chevaucher un monstre marin...

C'est le résultat d'un travail colossal. Il n'y a qu'à observer Molière répéter ses dernières instructions : il a mauvaise mine, les yeux cernés, les cheveux à peine coiffés et la tenue débraillée. Mais quelle fièvre dans son regard ! Quelle énergie dans ses gestes ! Ses paroles sont importantes. Il rappelle à ses comédiens que le personnage principal de ces fêtes n'est autre que Louis XIV :

– Vous devez tourner autour du roi comme les planètes tournent autour du Soleil. Il faut que le roi reste au centre de tous les regards et que, dans le même temps, tout le cortège défile sous ses yeux…

Molière a parfaitement compris comment servir son roi.

Car la fête est réussie.

L'éléphant n'a pas écrasé Gros-René.

Molière a remporté un grand succès.

La carrière de sa femme Armande est lancée.

Surtout le roi s'est amusé.

La publicité de Louis XIV est assurée.

On va parler de ces *Plaisirs* dans le royaume entier.

Pourtant, Molière quitte Versailles le front soucieux… Sa nouvelle pièce, *Le Tartuffe*, a été applaudie et le public a bien ri. Mais il a remarqué qu'une partie des spectateurs était restée de marbre et que la reine mère avait serré les dents pendant tout le spectacle. Mauvais présage… On murmure déjà que certains partis religieux fanatiques veulent faire interdire cette histoire de faux dévot qui manipule son monde sous couvert de religion. Le prince de Conti, l'ancien protecteur de Molière, en serait l'un des chefs. Molière voit déjà se profiler une nouvelle bataille.

Ce sera la plus importante et la plus difficile de sa carrière.

ACTE V

Les années difficiles

« Espèce de tartuffe ». Ce n'est pas le genre d'insulte que l'on entend dans les cours de récréation. Elle signifie, en un peu plus chic, « hypocrite », et s'inspire directement de la pièce de Molière. C'est le nom de son personnage principal, et bien qu'il n'apparaisse qu'après l'acte III, il a remporté un tel succès qu'il est devenu un nom commun.

La pièce, créée en 1664, ne s'est jamais démodée. Mieux, elle reste si bien d'actualité qu'elle suscite toujours l'hostilité des fanatiques de tout poil. Dans les années 1990, Ariane Mnouchkine* et la troupe du théâtre du Soleil avaient choisi de la mettre en scène ; sans toucher un seul mot du texte de Molière, simplement en transposant l'action dans

* Ariane Mnouchkine a raconté l'histoire de Molière dans un film, *Molière*, disponible en DVD.

l'Algérie d'aujourd'hui. Tartuffe était un barbu en djellaba qui régentait la maison d'Orgon, à coups de fatwas et d'interdits. En douce, le faux dévot tentait de séduire la femme d'Orgon et de s'approprier ses richesses. La pièce fit grand bruit. Et devinez ce qui se passa ? Ariane Mnouchkine reçut des menaces d'attentat. Si bien que tous les spectateurs se virent fouillés à l'entrée du théâtre…

Louis XIV avait prévenu Molière : « N'attaquez pas les dévôts, ce sont des gens implacables ». Il aurait pu ajouter : « Et aussi obstinés que vous ». Car, depuis la représentation du *Tartuffe* à Versailles, la Compagnie du Saint-Sacrement, un puissant parti de catholiques fanatiques, a obtenu du roi que la pièce ne soit pas jouée en public. Par trois fois, Molière a plaidé sa cause auprès de Louis XIV. À chaque fois, Sa Majesté, un brin agacée, a bien fait comprendre qu'elle avait apprécié son *Tartuffe*, mais elle l'a aussi prié de ne pas faire jouer sa pièce. Du moins pour l'instant… Le roi n'est donc pas un maître absolu. Il doit aussi compter avec l'Église et avec sa mère très croyante qui protège les partis religieux.

Molière n'est plus soutenu par le roi ? Les critiques se déchaînent avec une terrible violence. On l'accuse d'impiété, on le voue aux enfers, on le traite de « démon vêtu de chair », on menace même de lui crever les yeux et de l'enfermer à la prison de la Bastille en compagnie d'un vautour qui lui dévorerait les entrailles…

Heureusement, Louis XIV fait un geste. Un geste royal : désormais, la troupe de Molière passe sous son haut patronage et devient « Troupe du roi ». De plus, elle est assurée de recevoir six mille livres chaque année. Le moral des comédiens remonte en flèche. Quelle consécration ! Molière est heureux, bien sûr, mais il pense encore et toujours à son *Tartuffe*. Et il s'obstine. Il lui est interdit de jouer la pièce dans son théâtre ? Eh bien, il la joue lors de représentations privées organisées dans les salons des gens de la cour. La pièce ne peut être vue sur scène ? Il la fait lire. Personne ne peut empêcher la diffusion du texte du *Tartuffe*, que l'on s'arrache dans toute la France et dans la plupart des grandes villes d'Europe.

Molière devra attendre cinq ans, et la mort d'Anne d'Autriche, la mère du roi, pour que sa pièce soit enfin autorisée. L'interdiction levée, tout Paris se précipite au théâtre pour découvrir cette pièce dont on parle depuis tant d'années. Les acteurs jouent tous les jours pendant six mois à guichets fermés. Et ce *Tartuffe*, que des religieux extrémistes avaient voulu cacher au public, est applaudi par des milliers de spectateurs. Mais Molière aura payé cher le plus grand succès de sa carrière. Cette affaire l'a miné, à la période la plus noire de sa vie. Sur les trois enfants de Molière et d'Armande, seule la petite Esprit-Madeleine a survécu.

Déprime

Molière se sent triste et fatigué. Pour la première fois depuis le début de sa carrière, il a envie de tout envoyer promener : Paris, le théâtre et la troupe. Il n'a plus la force de porter à bout de bras une nouvelle pièce. À chaque fois, c'est la même histoire, il doit écrire, mettre en scène, diriger les répétitions, créer les décors, se battre seul contre les critiques, payer une cinquantaine d'employés qui comptent sur lui. Il n'en peut plus et n'en veut plus.

Il est méconnaissable. Il reste des heures plongé dans ses sombres pensées. Et quand il en sort, il devient maussade, irascible, il s'énerve pour un rien. La dernière fois, c'est parce qu'une servante avait oublié de fermer une fenêtre… Plus inquiétant encore, Molière tousse de plus en plus et se traîne dans la maison comme une âme en peine.

Il le sent, il doit partir s'exiler quelque temps.

Il a loué une maison à Auteuil, à une dizaine de kilomètres de Paris, pour s'y reposer. Il a demandé à Armande de l'accompagner. Sa jeune épouse a refusé. Armande Molière est devenue une star. Légère, coquette, brillante, elle lance les modes et aime s'entourer d'admirateurs. On la dit volage et on lui prête plusieurs amants. Malgré toute l'affection qu'elle porte à son mari, elle ne va pas s'enterrer à la campagne avec un vieil homme maussade et malade…

Heureusement, Molière peut compter sur ses amis. Une bande de copains aussi brillants causeurs que bons buveurs. Il y a parmi eux Chapelle, La Fontaine, celui des *Fables*, Boileau, Lulli, tous des esprits libres et indépendants. Ils sont les mieux placés pour le tirer de son humeur chagrine.

Une soirée à Auteuil

Comment se comportait Molière en société ? Comment se passait un dîner en sa compagnie ? Il a lui-même répondu à cette question dans la *Critique de l'École des femmes,* où il se décrit convié à la table d'une grande dame : « Elle l'avait invité à son souper comme bel esprit, et jamais il ne parut si sot parmi une demi-douzaine de gens à qui elle avait fait fête de lui, et qui le regardaient avec de grands yeux, comme une personne qui ne devait pas être faite comme les autres. Ils pensaient tous qu'il était là pour défrayer la compagnie de bons mots, que chaque parole qui sortait de sa bouche devait être extraordinaire, qu'il devait (...) ne demander à boire qu'avec une pointe. Mais il les trompa fort par son silence. »

Charmante soirée... parfaitement ratée !

Vous noterez qu'il s'agit d'un dîner mondain, qui n'a rien d'une soirée entre amis. Lorsqu'il est en petit comité, avec des gens qu'il apprécie, Molière est tout autre. On le dit drôle, brillant causeur, attentif et rieur. Il faut dire qu'il fréquente de sacrés olibrius.

Un soir à Auteuil, son grand ami Chapelle commande un souper et des bouteilles de vin pour l'accompagner. Il est trois heures du matin, ses compagnons sont affalés sur leurs sièges, et l'écoutent aussi attentivement que le permet leur esprit embrumé. Chapelle est d'humeur philosophique :

– Mes amis, je vous le demande, à quoi bon vivre ? Vanité, tout n'est que vanité...

À cette heure, Molière dort. Il a refusé le vin et préféré boire du lait comme le lui conseille son médecin. Il s'est ensuite retiré dans sa chambre pour aller se coucher.

– Mes amis, reprend Chapelle, nous sommes à l'affût pendant trente ou quarante années d'un moment de plaisir que nous ne trouvons jamais. Alors à quoi bon vivre ?

Ses compagnons tentent de le réconforter. Mais peu à peu se rangent à ses idées :

– Tu as raison, Chapelle, à quoi bon vivre puisque tout n'est que vanité ?

Chapelle s'enflamme :

– Le mieux est de quitter la vie ! Allons mourir, bons amis, sans plus attendre ! Allons nous noyer de compagnie !

– Oui, oui, allons nous jeter dans la rivière, elle nous appelle ! braillent ses compagnons.

Ils se lèvent péniblement et, s'accrochant l'un à l'autre, enfilent leur manteau et ceignent leur épée. Ils n'ont pas le temps d'atteindre la porte que déjà elle s'ouvre. C'est Molière en chemise de nuit qui leur demande quelle est la cause de tous ces cris. Chapelle lui explique qu'ils partent de ce pas se jeter dans la rivière pour en finir avec la vie. Molière retient son sourire :

– Vous vous dites mes amis et vous alliez réaliser un si beau projet sans moi ?

– Tu as raison, Molière, tu es notre ami et nous t'aimons. Viens te noyer avec nous !

– Je vous suivrais volontiers, mais pas cette nuit. Les gens vont penser que nous nous sommes noyés comme des désespérés poussés par le vin. Allons plutôt nous coucher. Et demain, à jeun, nous accomplirons cet admirable projet en bons philosophes.

– Oui, oui, tu as raison, cher Molière, nous irons nous jeter dans la rivière demain !

Tout le monde part se coucher. Et le lendemain, on ne sait pourquoi, l'admirable projet est annulé.

Il faut écrire

Molière va mieux. L'exil et les joyeux drilles d'Auteuil ont chassé sa mélancolie. Oh ! Elle n'est jamais très loin et rôde encore autour de lui, mais il a récupéré suffisamment de forces pour la combattre. Il retrouve son théâtre, sa troupe, sa femme et leur petite fille Esprit-Madeleine. En son absence, Armande et le fidèle La Grange ont fait tourner la boutique de leur mieux. Mais le public, avide de nouvelles pièces, commence à bouder le Théâtre du Palais-Royal. Les caisses sont presque vides. Il est temps, pour Molière, de se remettre à sa table de travail.

Et les nouvelles créations s'enchaînent : *Le Misanthrope*, un homme intransigeant qui fuit la société ; *L'Avare*, un vieux pingre amoureux de son or ; *Le Bourgeois gentilhomme*, un snob épris de grandeurs...

Vous noterez qu'il s'agit uniquement de comédies de caractère. Molière s'applique à peindre l'obsession ridicule d'un personnage et non plus les travers d'une société tout entière. C'en est terminé des querelles du passé qui agitent le Tout-Paris ; de ces grandes batailles, comme celle de *L'École des femmes* ou du *Tartuffe*. Molière s'est assagi, épuisé par les attaques constantes de ses rivaux. Il est devenu plus prudent aussi.

Pourtant, il a toujours ses bêtes noires : les médecins. Les hommes vêtus de sombre, portant barbiche et chapeau pointu, figurent en bonne place dans l'œuvre de Molière ! Il les connaît bien. Enfant, il les a vus à l'œuvre quand sa mère était malade. Au fur et à mesure qu'ils pratiquaient sur elle des saignées, la petite étincelle dans son regard s'éteignait...

Il a vu son ami La Mothe Le Vayer mourir dans d'atroces convulsions par la faute d'un médecin de la faculté de Paris. Ce charlatan lui avait administré un puissant vomitif absolument contre-indiqué. Il avait récidivé trois fois de suite !

Il n'oublie pas non plus les traitements infligés à la reine mère, qui, matin et soir, se laissait trancher la poitrine au rasoir. « Pour extirper le mal ! » disait son docteur…

Molière exagère à peine, lorsqu'il les présente, dans ses pièces, comme des ennemis publics. Ses « Diafoirus », ses « Purgon » sont plus vrais que nature et « savent parler beau latin, savent nommer en grec toutes les maladies, les définir, les diviser, mais pour ce qui est de les guérir, c'est ce qu'ils ne savent point du tout ». Leur patient a de la température ? Comme les vrais, ils expliquent le plus sérieusement du monde que « La fièvre est due à une vapeur fuligineuse et mordicante qui picote les membranes du cerveau ». Et quand il s'agit de prescrire des remèdes, ils ne dérogent pas à la mode de l'époque :

Clysterium donare

Postea saignare

Ensuita purgare

Traduction : pour guérir de tout, il suffit de laver, purger et saigner. Si vous voulez plus d'explications, lisez les lignes qui suivent. Âmes sensibles, abstenez-vous.

Les médecins de l'époque sont obsédés par le bon fonctionnement de l'intestin. Ils examinent les déjections de leur malade au plus près, reniflent leur odeur, notent leur couleur et leur consistance (l'idéal étant un bran – excrément – à mi-chemin entre la raideur de la constipation et la bonne cacade de la colique). Il existe deux méthodes pour soigner l'instestin paresseux ou, au contraire, trop pressé. Le « lavement » consiste, à l'aide d'un clystère ou d'une immense seringue, à « visiter » l'intestin, y injecter des litres de liquide afin de le nettoyer et de l'humecter. Quant il s'agit de « purge », le liquide est avalé par le haut, traverse le corps, le nettoie et s'évacue par le bas. Enfin, dernière torture, la « saignée » permet de prélever le sang corrompu dans les veines, grâce à une lancette.

Un seul médecin trouve grâce aux yeux de Molière. Il s'appelle Mauvillain. Il ne se réclame pas de la faculté de médecine (avec qui il est d'ailleurs fâché, ce qui est bon signe), il n'utilise pas de clystère et encore moins de lancettes à saignée ; lui croit en la chimie, aux plantes et à la nature.

Il est devenu l'ami et le médecin personnel de Molière. Son illustre patient est un malade parfois bien difficile à soigner. Comme ce jour où Molière, à cinquante ans, lui annonce qu'il veut monter une nouvelle farce ! Oui, vous avez bien lu, une farce et non pas une comédie. Elle s'appelle *Les Fourberies de Scapin*, et raconte l'histoire d'un couple d'amoureux, dont les parents s'opposent au mariage (refrain connu), secouru grâce aux mille ruses de leur valet Scapin. Il y a des courses, des bousculades et même une bastonnade dans l'acte final. Et devinez qui joue Scapin ? Molière, bien sûr.

Le médecin le met en garde : Molière n'est plus le jeune homme d'antan qui pouvait galoper sur scène pendant trois heures, sans perdre ni le souffle ni l'entrain. Et pour ne rien arranger, il tousse… « Et alors ? » rétorque Molière. Il toussait davantage quand il jouait *L'Avare*. Eh bien, sa toux faisait partie de son texte. Quand il toussait, Harpagon toussait. Et le public riait !

Même son ami Boileau tente de le dissuader. Pourquoi Molière revient-il à la farce, lui, ce génie de la comédie ? Comment l'auteur du *Misanthrope* – à ses yeux un chef-d'œuvre – peut-il se barbouiller la figure et fourrer quelqu'un dans un sac pour le battre à coups de bâton ? Tout ça pour amuser le parterre ! Pourtant Molière n'a plus rien à prouver…

Certainement. Mais il va montrer que l'on peut faire un chef-d'œuvre d'une farce. Et puis, surtout, il a envie de jouer, encore et toujours, ce théâtre réjouissant qui lui donne de la force et de la vie.

Quelques semaines plus tard, le public impressionné découvre un Scapin virevoltant qui se dépense sans compter. Molière a réussi à faire oublier ses cinquante ans. Et pourtant, il ne lui reste plus que quelques mois à vivre.

RIDEAU

Triste journée

On dit souvent que Molière est mort sur scène. C'est faux. Il est mort dans son lit quelques heures après la quatrième représentation du *Malade imaginaire*. Mais il s'en est fallu de peu. La Grange, son ami et bras droit, a raconté en détail la funeste journée. Ce 17 février 1673, Jean-Baptiste est sombre et tout à ses pensées. Cela fait un an, jour pour jour, que Madeleine est morte.

– Molière, es-tu sûr de vouloir jouer ?

La Grange n'a pu s'empêcher de poser la question quand il a entendu cette méchante quinte de toux qui n'en finissait plus. Molière soupire et fait signe que oui ! Bien sûr, il va jouer. Il faut jouer ! On ne va pas annuler la représentation et rembourser le public qui attend déjà depuis une bonne heure. Et puis les caisses ne sont pas bien pleines en ce moment. Une cinquantaine d'employés comptent sur cette représentation pour être payés et faire vivre leur famille.

Molière recouvre de fard les vilaines taches qui sont apparues sur ses joues il y a quelques semaines. Puis il se lève péniblement. Son dos le fait souffrir en ce moment. Il coiffe son bonnet et, aidé par La Grange, enfile sa robe de chambre. Le voilà transformé en Argan, le personnage principal du *Malade imaginaire*.

La nouvelle pièce fait salle comble tous les jours. Et le public rit de cet Argan qui s'imagine souffrir mille maladies alors qu'il est en parfaite santé.

Molière est content de ce succès. Il ne le doit qu'à lui-même. D'habitude, il attend que le roi lui passe commande d'une nouvelle pièce avant de l'écrire. Il la présente à la cour, et ensuite, seulement, dans son théâtre à Paris. Mais cette fois-ci, il n'y a pas eu de commande, comme si Sa Majesté l'avait oublié. Le roi a l'esprit ailleurs, il ne jure plus que par la musique et l'opéra.

Aujourd'hui, ce n'est plus Molière le favori, mais le musicien Lulli.

Heureusement, le public, lui, est resté fidèle à Molière. Il est d'ailleurs temps de le récompenser et d'annoncer le début de la représentation…

Juro!

La pièce touche à sa fin. Argan, joué par Molière, est assis sur son fauteuil au milieu de la scène. Pour le guérir de ses maladies imaginaires, on a eu l'idée de le faire médecin, tout simplement. Entrent alors les docteurs, les chirurgiens et les apothicaires qui viennent célébrer son initiation. Ils chantent et dansent une sarabande endiablée tout en lui demandant de jurer fidélité à la faculté de médecine.

Molière est blême sous son fard. Il se retient de tousser depuis quelques minutes. Il se concentre tant bien que mal. C'est bientôt son tour de chanter. Il n'a plus grand-chose à dire : un simple « Je le jure » en latin.

– *Juro !*

Voilà qu'il tousse à nouveau ! Un peu de sang s'échappe de ses lèvres.

Il se sent mal. Il défaille. Les médecins qui font la ronde autour de lui ralentissent leur danse. Les comédiens ont remarqué le sang sur le menton, la tête tombée sur le côté. Ils ne lâchent pas Molière des yeux.

Ouf, le voilà qui revient à lui. Mais il souffre et grimace. Il se redresse pour lancer son dernier « *Juro !* ». Puis il se laisse glisser au fond de son fauteuil, épuisé. Les médecins reprennent leur danse. Mais La Grange n'a plus la patience d'attendre la fin de cette maudite sarabande. Il ordonne que l'on ferme le rideau.

Le public applaudit. Ce soir, Molière a fait un nouveau triomphe.

En coulisses, il faut faire vite et appeler un carrosse. Molière, soutenu par La Grange, monte dans la voiture. Il grelotte. Son ami le recouvre de son propre manteau et lui réchauffe les mains. Armande le soutient. Le trajet parait si long… Mais les voilà arrivés rue de Richelieu, c'est ici que Molière s'est installé avec son épouse, il y a quelques mois à peine. Pour la première fois, ils vivent seuls, sans la tribu, comme un vrai couple réconcilié.

– Vite, portez-le dans son lit !

Une fois installé, Molière refuse le bouillon que lui propose sa femme. Il a faim et réclame un morceau de parmesan qu'il mange avec du pain. Il a besoin de repos et Armande lui apporte un nouvel oreiller. Mais soudain, Molière est saisi de convulsions, son corps se tord jusqu'à ce qu'un flot de sang jaillisse de sa bouche. Il ne peut plus parler. Le sang n'en finit pas de couler. Armande, La Grange, leur ami Jean Aubry, qui vient d'arriver, le regardent impuissants. On a fait monter deux religieuses, qui étaient là par hasard, venues quêter pour le carême. Les sœurs se mettent à genoux et prient.

Tous le savent bien : c'est la fin.

– Vite, allez chercher un prêtre !

On envoie un valet et une servante courir chercher un prêtre à la paroisse Saint-Eustache. Ils reviennent bredouilles. Les deux prêtres contactés ont refusé de se déplacer pour un comédien. Alors, à son tour, Jean Aubry se précipite au presbytère pour tenter de convaincre un troisième prêtre de l'accompagner. Quand il y parvient enfin, Molière est déjà mort. Ses yeux ronds toujours étonnés se sont éteints. D'une caresse, La Grange les a fermés à jamais.

Une mort chrétienne

Molière n'a pas eu le temps de se confesser ni de renoncer officiellement à sa profession de comédien en présence d'un prêtre. Or, cette dernière condition est indispensable pour que l'Église accepte d'inhumer un saltimbanque dans le cimetière de la paroisse. Le corps de Molière va-t-il finir dans un trou au bord de la Seine ?

Il n'en est pas question ! Sa femme Armande remue ciel et terre pour que son mari soit enterré comme tout le monde. Elle s'y consacre avec une belle énergie et beaucoup d'obstination. Elle commence par écrire une requête à l'archevêque de Paris. Elle y explique que Molière est mort en bon chrétien, qu'il a bien eu l'intention de recevoir un prêtre mais qu'il en a été empêché par des contretemps.

Dans le même temps, elle obtient en urgence une audience auprès de Louis XIV. Elle se jette aux genoux du roi et le supplie.

– Aidez-moi, sire. Aidez Molière !

Le roi a été fort chagriné par le décès de Molière. Il promet à sa veuve de l'aider en parlant à l'archevêque. En contrepartie, il ordonne que l'enterrement se déroule dans la discrétion et surtout ne provoque aucun scandale.

Armande a réussi. Molière sera donc inhumé en chrétien, malgré l'absence de confession.

Les prêtres ont refusé de se déplacer pour un saltimbanque ? Aujourd'hui, on ne peut que s'en réjouir. Molière est ainsi resté comédien jusqu'à son dernier souffle de vie. Il n'a pas trahi le métier qu'il aimait passionnément ni renié ce qu'il était profondément. Il est mort en acteur. Et c'est très bien ainsi.

Avec beaucoup de réticence, l'archevêque signe la précieuse autorisation. Mais il stipule que l'enterrement se fera de nuit, sans aucune pompe, et avec deux prêtres seulement, et surtout qu'il n'y aura aucune célébration pour Molière, ni dans la paroisse Saint-Eustache ni ailleurs.

Pourtant, le 21 février, à neuf heures du soir, plusieurs centaines de personnes se pressent devant la demeure de Molière.

Le bouche-à-oreille a fonctionné. Tous les amis sont venus. Il y a là Chapelle qui a bien du mal à retenir ses larmes, Boileau, La Fontaine et puis les nombreux comédiens qui ont partagé la vie de Molière. Les admirateurs ont afflué de tous côtés. Et on ne sait pourquoi, une centaine de pauvres gens se sont également rassemblés sous les fenêtres. Les découvrant, Armande a d'abord pris peur. Puis elle leur a fait distribuer de l'argent et leur a demandé de prier pour son mari.

Maintenant, le convoi se dirige lentement vers le cimetière de Saint-Eustache. Le cercueil de Molière est suivi par une traînée de flambeaux qui ondulent dans le noir.

Bien plus tard

Le roi a bien vieilli. Et depuis longtemps, Versailles ne bruisse plus de fêtes ni de rires comme par le passé. L'ambiance est sinistre et la cour s'ennuie. De temps en temps, dans un salon du château, le vieux monarque ordonne à ses valets et musiciens de jouer, rien que pour lui, sa pièce préférée, *Le Bourgeois gentilhomme*.

De temps en temps, il lui échappe un soupir. Ah ! Si Molière était encore là… Car personne n'est parvenu à le remplacer.

Il était même si important que sa disparition a bouleversé le théâtre parisien. En 1680, les trois troupes officielles se sont réunies pour n'en former qu'une seule : « La Comédie-Française ». C'est son titre officiel mais on l'appelle aussi la « Maison de Molière ».

Aujourd'hui

Paris n'a conservé aucune trace de Molière. La maison de son enfance a disparu depuis longtemps. Les demeures à plusieurs étages qui abritaient sa tribu de comédiens ont été détruites. L'hôtel particulier de la rue de Richelieu, où Molière a vécu à la fin de sa vie, a été rasé. Il ne reste rien des théâtres où il se produisait ; ni les jeux de paume de ses débuts, ni le théâtre du Palais-Royal de ses succès, où se trouve aujourd'hui le Conseil d'État.

Il ne reste rien, si ce n'est un fauteuil. Si vous avez la chance de vous rendre un jour à la Comédie-Française, ne manquez pas de visiter la salle qu'on appelle le « foyer » Au bout d'un couloir, vous le verrez. C'est le fauteuil d'Argan, le héros du *Malade imaginaire*. Il est craquelé et couturé de partout, le rembourrage s'échappe de plusieurs trous et par endroits on distingue des taches grises de crasse. Prenez alors le temps de contempler le fauteuil dans lequel Molière a joué pour la dernière fois.

CRÉDITS PHOTOGRAPHIQUES
(de haut en bas, de droite à gauche)

p. 1
Portrait de Ferdinand Elle, Marseille, Musée des Beaux-Arts, © Yves Gallois.
Buste de Molière par Jean-Antoine Houdon, © Collections de la Comédie-Française.
Portrait de Nicolas Mignard, © Giraudon/Bridgeman Art Library.
Portrait de Pierre Mignard, © Giraudon/Bridgeman Art Library.
p. 2-3
Molière d'après un tableau du foyer des artistes de la Comédie-Française, © G. Dagli Orti.
Molière en Sganarelle, Collection Stapleton, © Bridgeman Art Library.
Frontispice du *Bourgeois gentilhomme*, © Lauros/Giraudon/Bridgeman Art Library.
Frontispice de *Dom Juan ou le Festin de Pierre* © J.-L. Charmet/Collections de la Comédie-Française.
© Bridgeman Art Library.
Gravure, 1676, © Bridgeman Art Library.
p. 4-5
Quai de la Tournelle, 1646, © Lauros/Giraudon/Bridgeman Art Library.
Huile sur toile de Pieter Jansz, © Lauros/Giraudon/Bridgeman Art Library.
p. 6-7
L'Embarras de Paris, le Pont-Neuf depuis la rue Dauphine, 1646, © Lauros/Giraudon/Bridgeman Art Library.
Lithographie, Archives Charmet, © Bridgeman Art Library.
Gravure, Cliché Bibliothèque nationale de France, Paris.
Gravure, Cliché Bibliothèque nationale de France, Paris.
p. 8
© Lauros/Giraudon/Bridgeman Art Library.
© Giraudon/Bridgeman Art Library.
© G. Dagli Orti.
Gravure, © Bridgeman Art Library.